Meine kreative Weihnachtszeit

DAS VERBASTELBUCH ZUM AUSSCHNEIDEN,
AUFKLEBEN UND DEKORIEREN

Inhalt

Zwei hyggelige Blüten-Sterne 17

3D-Weihnachtsstern 19

Bezauberndes Geschenkpapier .. 21

Skandinavische Schneeflocke 23

Schwebendes Tannenbäumchen 25

Sternen-Engel 27

Feines Zick Zack-Bäumchen 29

Kleine Geschenktüte 31

Zwei strahlende Doppel-Sterne ... 33

Kleines Winterdorf 35

Papierstreifen-Kugel 39

Geometrischer Anhänger 41

Kleiner Briefumschlag 43

Papierstreifen-Stern 45

Florale Etiketten 47

Weihnachtsgirlande 49

Schmuck für den Tannenbaum 53

Winterpanorama 55

Beleuchtete Tanne 57

Festliche Schleife 59

Plätzchen-Box 61

Sechs bunte Steck-Tannenbäumchen 63

Singender Engel 67

Winterblumen-Box 69

Geschenkanhänger 73

Zwei Weihnachtskarten 75

Steck-Weihnachtsbaum 77

Zuckersüße Weihnachts-Sticker ... 81

Hyggelige Weihnachten

Es wird wieder früher dunkel, die Nächte werden kälter, die Bäume haben schon längst ihre Blätter verloren und so langsam verabschiedet sich auch der goldene Herbst. Und so steht uns – wie jedes Jahr – die wohl schönste Zeit des Jahres bevor: die Weihnachtszeit! Mit duftenden Plätzchen, staunenden Kinderaugen, funkelnden Kerzenlichtern und einem Hauch von Magie, der alles umgibt und verbindet.

Weihnachten ist eine besinnliche Zeit, die ich gerne im Kreise meiner Familie verbringe. Wir backen zusammen Plätzchen, wir basteln zusammen Geschenke und wir schmücken unser Zuhause zusammen für das große Fest.

In diesem Buch findest du viele meiner Bastelideen, die du gleich umsetzen kannst. Du brauchst nur eine Schere, Klebstoff und etwas Zeit – und schon kann es losgehen. Entdecke den Zauber der skandinavischen Weihnacht und hol dir das besondere Hygge-Gefühl auch in dein Zuhause. Auf den nächsten Seiten findest du Papiersterne, Schachteln, liebevoll gestaltete Etiketten, Postkarten, florale Geschenkanhänger, zauberhafte Sticker und vieles mehr.

Ich wünsche dir ganz viel Spaß beim Entdecken und Nachbasteln.

FRÖHLICHE WEIHNACHTEN,
DEINE

LOTTA
Langrock

Du möchtest mehr über mich und meine Illustrationen erfahren? Dann folge mir gerne auf Instagram @lotta_langrock oder besuche mich auf www.lottalangrock.com.

Was ist eigentlich dieses „hygge"?

Skandinavien-Liebhabern ist „hygge" schon lange bekannt. Nach und nach hat dieses besondere Wort auch bei uns seinen Platz gefunden. Wahrscheinlich, weil es einfach keine wirklich gute deutsche Übersetzung dafür gibt. „Hygge" kommt ursprünglich aus dem Dänischen und beschreibt eher ein Gefühl. Es steht für die Kunst der Gemütlichkeit, die Konzentration und Freude an Ruhe und Besinnlichkeit, aber auch das gemütliche Zusammensein gehört dazu. So ist „hygge" auch bei uns inzwischen ein Synonym für Gemütlichkeit und für das Seele-baumeln-lassen geworden. Passend also zur Weihnachtszeit.

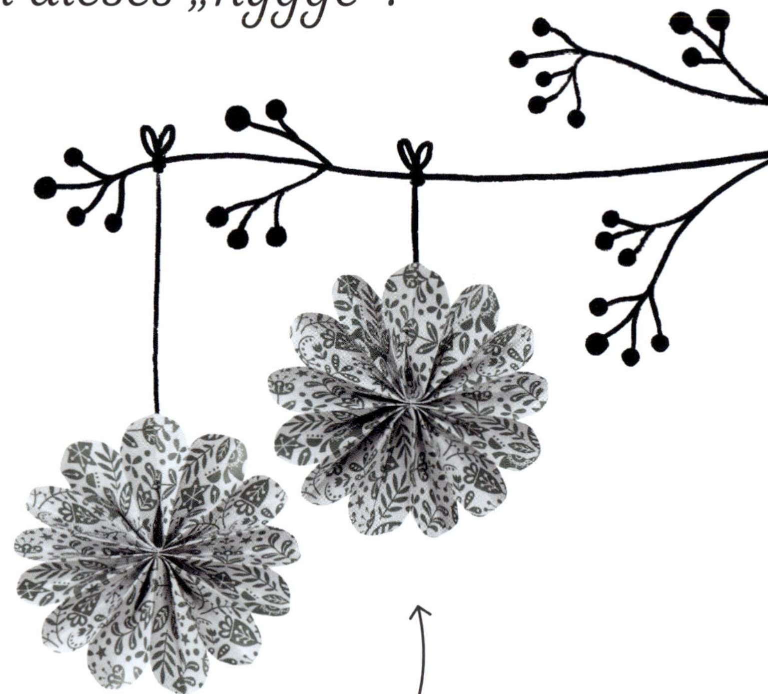

DIE ZWEI HYGGELIGEN BLÜTEN-STERNE FINDEST DU AUF SEITE 17.

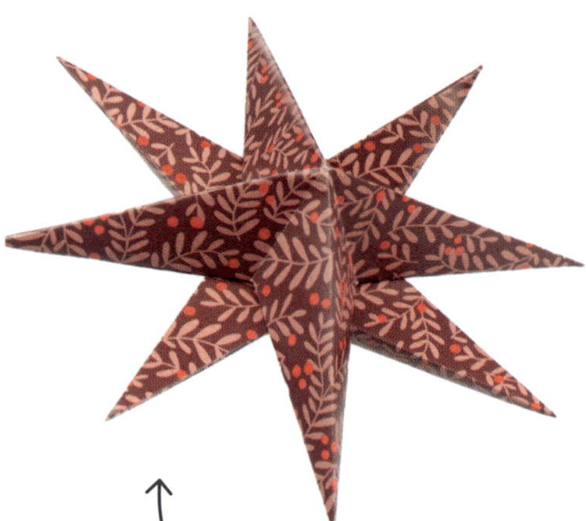

DEN 3D-WEIHNACHTSSTERN FINDEST DU AUF SEITE 19.

In diesem Buch findest du kleine skandinavische Dekorationen, ganz im „hyggeligen" Stil, die du sofort nachbasteln kannst. Schnapp dir deine Schere, Klebstoff und hier und da mal Nadel und Faden und schon kann es losgehen. Papier und Anleitung findest du auf den folgenden Seiten. Hol dir Weihnachten nach Hause!

DAS SCHWEBENDE
TANNENBÄUMCHEN
FINDEST DU AUF SEITE 25.

DIE SKANDINAVISCHE
SCHNEEFLOCKE
FINDEST DU AUF SEITE 23.

Skandinavischer Weihnachtszauber

Das Weihnachtsfest gehört zweifelsfrei zu den Höhepunkten im Jahreslauf – so natürlich auch im hohen Norden. Vielleicht freut man sich dort sogar noch etwas mehr auf das Fest, bringt es doch mit seiner besinnlichen Stimmung und viel Kerzenschein Licht in die dunkle Jahreszeit.

Die Tradition eines Weihnachtsbaums haben die Skandinavier gerne übernommen und so finden sich an schwedischen, dänischen, oder finnischen Nordmanntannen neben Kerzen auch farbenfrohe Baumanhänger.

Auf den folgenden Seiten findest du einige Anhänger, die du sowohl an dein Fenster, an einen Türkranz oder – natürlich auch – an deinen Weihnachtsbaum hängen kannst.

Schlicht und schön

Man sagt den Skandinaviern nach, dass sie eher nüchtern und geradlinig sind. Und oft trifft diese Einschätzung auch auf die Auswahl ihrer Weihnachtsdekoration zu. Meist kommt diese schlicht und edel, ohne viel Schnörkel und Spielereien daher. Das trifft vor allem auf den Baumschmuck für den Christbaum zu. So kann vor allem der Baum selbst in seinem grünen Nadelkleid strahlen.

DEN STERNEN-ENGEL
FINDEST DU AUF SEITE 27.

Die Weihnachtsdekoration besticht eher mit vornehmer Zurückhaltung. So eigenen sich der weiße Engel und das Zick-Zack-Bäumchen wunderbar als Baumschmuck. Doch auch als Anhänger für ein Geschenk machen diese Basteleien eine gute Figur.

DAS FEINE ZICK-ZACK-BÄUMCHEN
FINDEST DU AUF SEITE 29.

Mit kleinen Geschenken große Freude bereiten

Auch wenn man vielleicht zuerst auf das größte Paket unter dem Tannenbaum schielt – es kommt nicht au die Größe an. Oft sind es die kleinen Geschenke, die von Herzen kommen und die dem Beschenkten das Gefühl von Liebe und Wertschätzung entgegenbringen. Vor allem die selbst gemachten Weihnachtsgeschenke – ob gebastelt oder gebacken – kommen immer gut an. Freunde und Familie werden es sicher zu schätzen wissen, dass du dir die Zeit genommen hast. Wichtig dabei ist nur, dass das Geschenk von Herzen kommt und natürlich zum Beschenkten passt. Besonders freut man sich über solche Geschenke, wenn sie auch noch liebevoll verpackt werden. Hier kannst du entweder das hübsche Geschenkpapier von Seite 21 verwenden oder du bastelst dir gleich eine Geschenktüte.

DIE KLEINE GESCHENKTÜTE FINDEST DU AUF SEITE 31.

Sternenzauber und Winteridylle

Zur Weihnachtszeit findet man in Skandinavien kaum ein Fenster, in dem nicht ein Adventsstern erstrahlt. Es gibt sie in unterschiedlichen Größen, Formen und Farben. Allen gemein ist aber, dass sie die Weihnachtszeit einläuten. So darf natürlich auch in diesem Buch kein Weihnachtstern fehlen. Du kannst sie in dein Fenster hängen, sie als Baumschmuck verwenden oder auch ein Geschenk damit hübsch dekorieren.

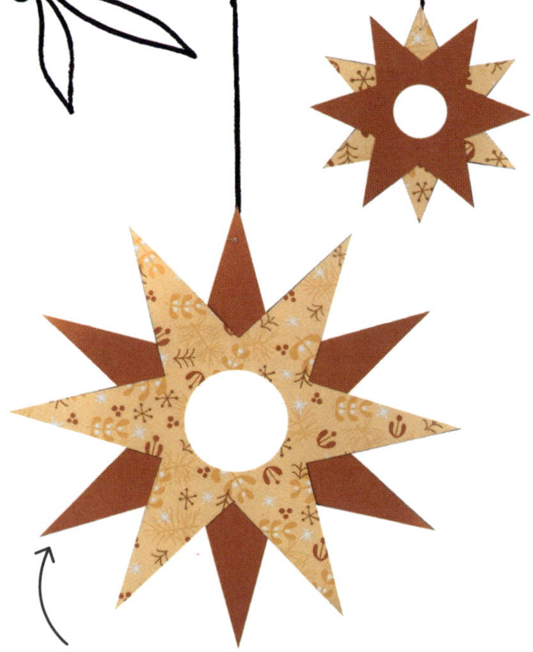

DIE ZWEI STRAHLENDEN DOPPELSTERNE FINDEST DU AUF SEITE 33.

Nicht nur das Fenster selbst lässt sich dekorieren, auch auf der Fensterbank lässt sich hervorragend weihnachtliche Stimmung verbreiten. Dieses kleine schwedische Dorf zaubert wohl jedem Betrachter ein Lächeln ins Gesicht. Die typischen roten Holzhäuschen mit den hellerleuchteten Fenstern, die schneebedeckten Dächer und Tannen – als ob man einen Winterspaziergang durch die Landschaft Schwedens unternehmen würde.

DIE VORLAGEN FÜR DAS KLEINE WINTERDORF FINDEST DU AUF SEITE 35.

DIE PAPIERSTREIFEN-KUGEL
FINDEST DU AUF SEITE 39,
DEN GEOMETRISCHEN ANHÄNGER
AUF SEITE 41.

God Jul

God Jul – schöne Weihnachten – das wünscht man sich in Schweden und damit meint man vor allem, dass man sich eine besinnliche Zeit wünscht, die man gemeinsam mit seiner Familie und den Freunden verbringen sollte. Die Sorgen des Alltags soll man hinter sich lassen und sich endlich einmal Zeit nehmen für die wirklich wichtigen Dinge, wie Zeit mit seinen Liebsten verbringen, gemeinsame Aktivitäten unternehmen und zusammen essen. Aber auch Zeit für sich selbst sollte man sich nehmen. Sich mit einem guten Buch auf das Sofa zurückziehen, ein ausgedehntes warmes Bad nehmen oder endlich mal wieder die Nähmaschine auspacken und das lange liegengebliebene Projekt beenden.

Weihnachten kann vieles sein – aber es sollte nie selbstverständlich oder ein stressiger Feiertag sein. Wenn man sich selbst immer wieder daran erinnert, so bleibt auch der Zauber von Weihnachten für uns alle erhalten.

Weihnachtspost

Weihnachten verbringen wir am liebsten mit den Menschen, die uns sehr nahestehen. Doch leider ist das oft nicht immer möglich. Freunde wohnen in einer anderen Stadt oder Familienmitglieder schaffen es vielleicht nicht zum gemeinsamen Fest nach Hause. Dann wird es Zeit eine alte Tradition wieder aufleben zu lassen. Statt einer Email oder einer SMS sollte man wieder zu Papier und Stift greifen und eine liebevolle Weihnachtsbotschaft verfassen. Man darf sich sicher sein, dass der Empfänger sich sehr freut. Umso mehr, wenn die Weihnachtspost nicht in einem langweiligen einfachen Briefumschlag verschickt wird.

Wer nicht nur einen Brief, sondern gleich ein kleines Geschenk als Paket verschicken möchte, der kann das zauberhafte Geschenkpapier von Seite 21 verwenden oder die liebevoll gemalten floralen Geschenkanhänger von Seite 73.

DEN PAPIERSTREIFEN-STERN
FINDEST DU AUF SEITE 45.

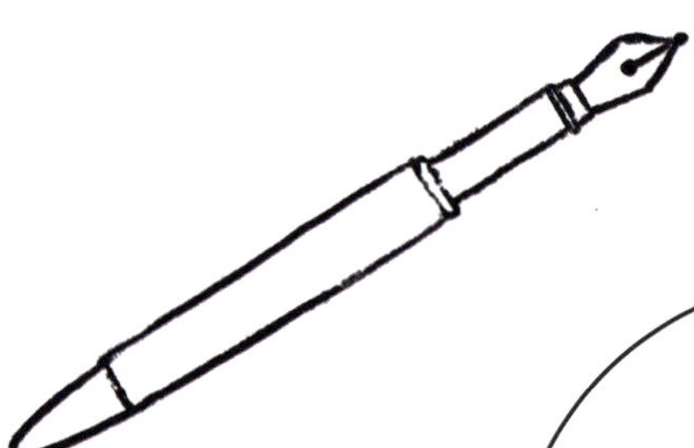

DEN KLEINEN BRIEFUMSCHLAG
FINDEST DU AUF SEITE 43.

Weihnachtlicher Fensterschmuck

DIE WEIHNACHTSGIRLANDE
FINDEST DU AUF SEITE 49.

Im hohen Norden wird es in der kalten Jahreszeit bekanntlich früher dunkler als bei uns. Kein Wunder also, dass die Skandinavier viele Lichter und Kerzen für ihre winterlichen Dekorationen verwenden. Doch, anders als in Amerika, wirst du dort kaum ein hell erleuchtetes Haus mit blinkendem Weihnachtsmann auf dem Dach finden. Stattdessen setzen die Skandinavier auf zurückhaltenden, eleganten Schmuck, der die Besinnlichkeit dieser besonderen Jahreszeit nicht zerstört. In den warm strahlenden Fenstern findet man so dezenten Fensterschmuck, der sowohl die Bewohner als auch vorbeigehende Spaziergänger erfreut. Ob ein weihnachtlicher Gruß oder eine winterliche Szene – ein dekoriertes Fenster kann viel Freude schenken.

DAS WINTERPANORAMA FINDEST DU AUF SEITE 55.

DEN SCHMUCK FÜR DEN TANNENBAUM FINDEST DU AUF SEITE 53.

Ein Hauch von Vintage

Früher war es an Weihnachten üblich – übrigens nicht nur in Skandinavien – sein Heim hauptsächlich mit selbst gebasteltem Weihnachtschmuck zu schmücken. Verwendet wurden Naturmaterialien, wie Tannenzapfen, Nüsse oder auch Äpfel. Aber auch Fensterschmuck aus Stoff- und Leinenresten wurde jedes Jahr aufs Neue hergestellt. Nach und nach ging man aber dazu über die Dekorationen auch in den darauffolgenden Jahren zu verwenden. Und so wurden sie von Generation zu Generation in einer Familie weitergegeben. Und so holen wir jedes Jahr den Christbaumschmuck und die Weihnachtsdeko aus dem Keller und hängen sie vorsichtig auf, damit die geerbten Schmuckstücke auch noch in den nächsten Jahren ihren großen Auftritt haben dürfen. Aber zum Glück finden jedes Jahr auch neue Dekorationen ihren Platz und auch das Selberbasteln kommt immer mehr wieder in Mode.

DIE BELEUCHTETE TANNE FINDEST DU AUCH SEITE 57.

Leckereien hübsch verpackt

Neben Kerzenschein, Geschenken unter dem Tannenbaum und besinnlicher Weihnachtsmusik gibt es eine Sache, die an Weihnachten nicht fehlen darf – der verführerische Duft von frischgebackenen Plätzchen. Es gibt zahlreiche Rezepte, jedes Jahr werden uns neue Kreationen in Zeitschriften und Backbüchern vorgeschlagen – doch am besten schmecken immer noch die Plätzchen, die wir noch aus unserer Kindheit kennen. Was gibt es denn für ein schöneres Geschenk, als diese kulinarischen Erinnerungen mit seinen Liebsten zu teilen? Über selbstgebackene Plätzchen freut sich wirklich jeder. Sind sie zudem noch hübsch verpackt, freut sich der Beschenkte gleich doppelt.

EINFACHES PLÄTZCHENREZEPT

250 g Mehl · 90 g Zucker · 125 g Butter · 1 Ei

Mehl und Zucker in eine Schüssel geben. Die Butter in kleinen Stückchen sowie das Ei hinzufügen und alles miteinander verkneten, bis ein homogener Teig entsteht. Den Teig in Folie gewickelt für mindestens eine halbe Stunde kühlstellen.

Den Teig auf einer bemehlten Arbeitsfläche ausrollen und Plätzchen ausstechen. Die Plätzchen im vorgeheizten Backofen bei 175° Ober- und Unterhitze für etwa 10-12 Minuten goldgelb backen.

Nach dem Abkühlen können die Plätzchen noch verziert werden.

DIE PLÄTZCHEN-BOX
FINDEST DU AUF SEITE 61.

Ein Dankeschön an die Weihnachtswichtel

DIE SECHS BUNTEN STECK-TANNENBÄUMCHEN FINDEST DU AUF SEITE 63.

Wer Astrid Lindgren kennt, der kennt auch den kleinen Wichtel Tomte Tummetott, der sich nachts aus der Kälte in die warme Stube zu den Menschen stiehlt und dort nach dem Rechten sieht. Die kleinen Wichtel gehören in Schweden schon immer zu Weihnachten. Und so glauben schwedische Kinder, dass sie bei den Weihnachtsvorbereitungen Unterstützung von den Hauswichteln bekommen. Am Heiligabend bedanken sie sich bei den Wichteln, indem sie ihnen eine Schüssel Milchbrei vor die Türe stellen. Außerdem hoffen die Schweden, dass die kleinen Wichtel sich über ihr Geschenk so freuen, dass sie ihnen im nächsten Jahr keine Streiche spielen werden.

Inzwischen ist der Weihnachtswichtel auch bei uns heimisch geworden. Vor allem in der Adventszeit ziehen die kleinen Wesen gerne mal in unser Zuhause ein. Und auch sie freuen sich über große und kleine Geschenke.

NICHT NUR FÜR WICHTELGESCHENKE: DIE FESTLICHE SCHLEIFE VON SEITE 59.

Ein Lichterfest zur Weihnachtszeit

Am 13. Dezember wird in Skandinavien das alljährliche Lucia-Fest gefeiert. Der jahrhundertealte Brauch findet zu Ehren der Heiligen Lucia statt und bildet einen der Höhepunkte des schwedischen Weihnachtsfests. Es soll den Menschen in der dunklen Zeit das Licht zurückbringen und die Dunkelheit erhellen.

DEN SINGENDEN ENGEL
FINDEST DU AUF SEITE 67.

In manchen Städten finden Umzüge statt, angeführt von Mädchen in weißen Roben mit roter Schärpe, auf dem Kopf ein Lichterkranz. Fast könnte man diese Mädchen mit Engel verwechseln, die auf ihrem Weg durch die Städte auch Krankhäuser, Altenheime und Schulen besuchen, um dort kleine Geschenke zu verteilen. Und so verwundert es auch nicht, dass die heilige Lucia, die Namensgeberin des Lichterfestes, oft mit Engelsflügeln dargestellt wird.

DIE WINTERBLUMEN-BOX
FINDEST DU AUF SEITE 69.

Ein Fest der Liebe

Spätestens am 1. Dezember, wenn man das erste Türchen an seinem Adventskalender öffnet, beginnt das Warten auf Weihnachten. Die Adventszeit verbringen wir mit Plätzchen backen, Geschenke basteln, Weihnachtslieder singen und Weihnachtspost verfassen. Aber es ist auch oft eine Zeit voller Termindruck und Stress – alle Geschenke müssen noch besorgt werden, das Weihnachtsessen muss pünktlich auf den Tisch, manche müssen erst noch eine lange Reise auf sich nehmen, bevor sie Weihnachten zusammen mit ihrer Familie feiern können. Da kann man schon mal die Bedeutung von Weihnachten vergessen.

Weihnachten ist das Fest der Liebe, der Besinnung, des Mitgefühls und der Familie. Es geht nicht darum, wer das teuerste Geschenk unter dem Weihnachtsbaum legt oder ob die Weihnachtsgans noch größer ist als letztes Jahr – es geht darum, dass wir diese besondere Zeit mit unseren Liebsten verbringen. Oft findet sich der Zauber von Weihnachten in den kleinen Dingen und der Liebe zum Detail.

DEN STECK-WEIHNACHTSBAUM
FINDEST DU AUF SEITE 77.

Zwei hyggelige Blüten-Sterne

SCHERE · FADEN · KLEBSTOFF

1.
Schneide das Bastelelement an der dunkelgrünen Außenlinie aus. Falte den ausgeschnittenen Papierstreifen jeweils in der Mitte und am Ende jedes Halbkreises (siehe Pfeile) immer abwechselnd wie ein Fächer nach innen und außen.

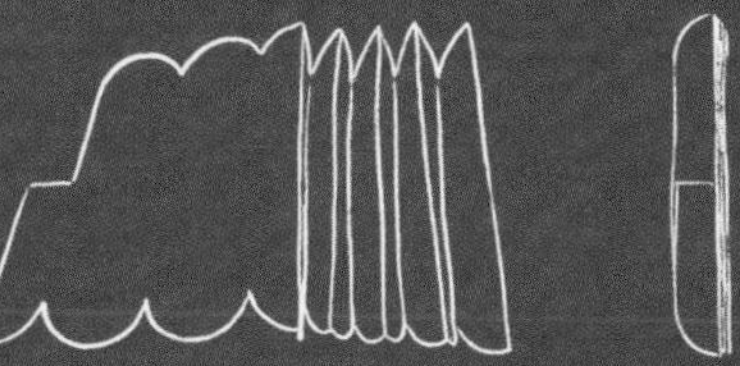

2.
Umwickle die Mitte des zusammengefalteten Streifens mit einem Faden und mache einen Doppelknoten. Achte darauf, dass die Enden des Fadens lange genug bleiben, um den Stern daran aufzuhängen.

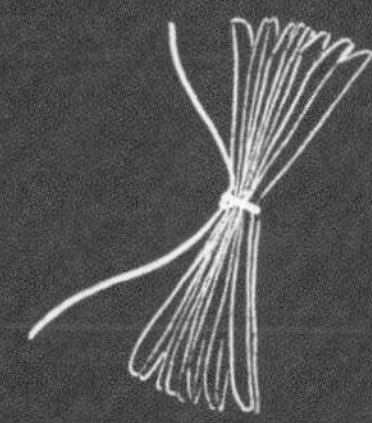

3.
Fächere die Enden des Papierstreifens wieder auf und verbinde sie mit den Enden der gegenüberliegenden Seite. Bestreiche hierfür die Laschen mit Klebstoff und lege die Laschen in den Halbkreis der gegenüberliegenden Seite.

3D-Weihnachtsstern

SCHERE · KLEBSTOFF

1.
Schneide die beiden Bastelelemente an der weißen Außenlinie aus. Schneide die beiden Quadrate entlang den gestrichelten Linien ein.

2.
Falte die Quadrate zweimal diagonal.

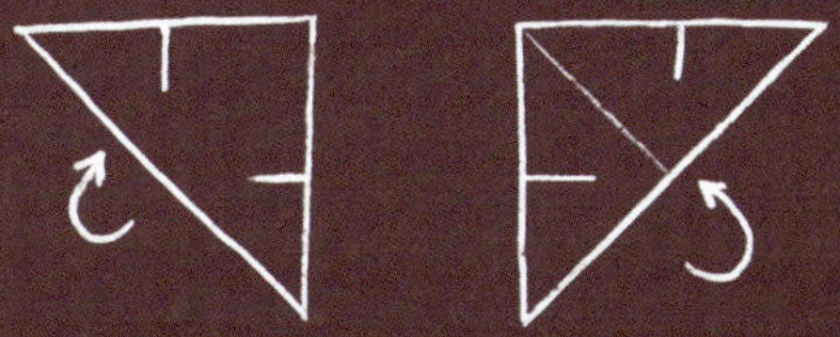

3.
Drehe das Papier um und falte das Quadrat horizontal und vertikal entlang der Einschnitte.

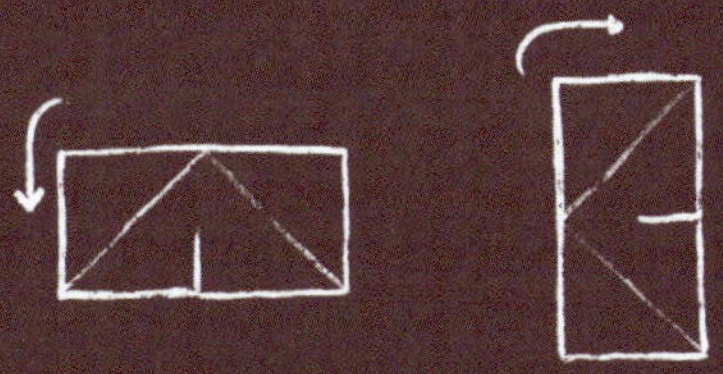

4.
Falte die Ecken an den Einschnitten jeweils bis zur gefalteten Diagonale.

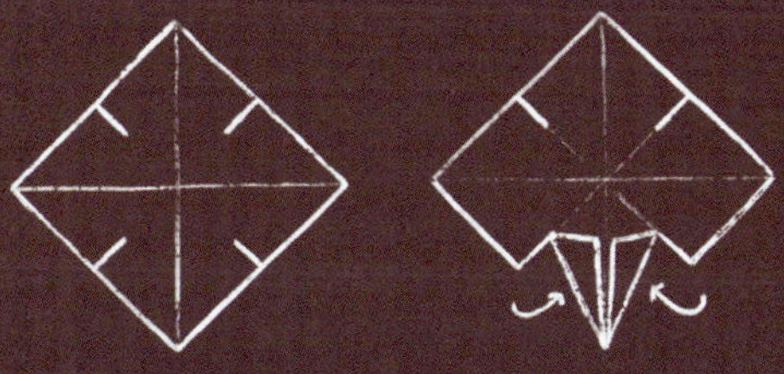

5.
Bestreiche jeweils eine Hälfte der gefalteten Spitze mit Klebstoff und verbinde diese mit der anderen Hälfte.

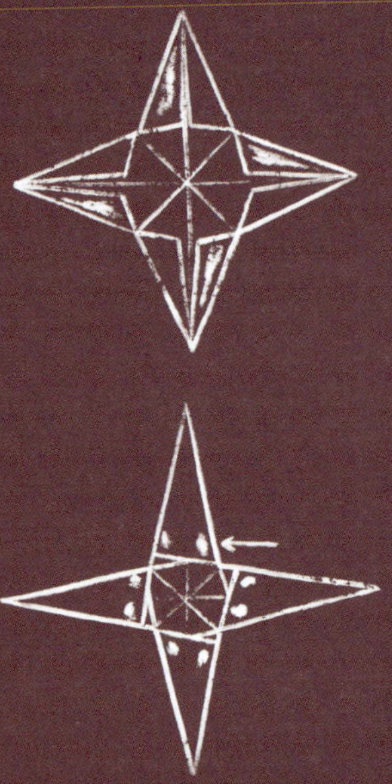

6.
Klebe beide Sterne mit der offenen Seite nach innen und versetzt aufeinander.

Bezauberndes Geschenkpapier

TRENNE EINFACH DIE NÄCHSTE SEITE AUS DEM BUCH

Skandinavische Schneeflocke

SCHERE · NADEL · FADEN

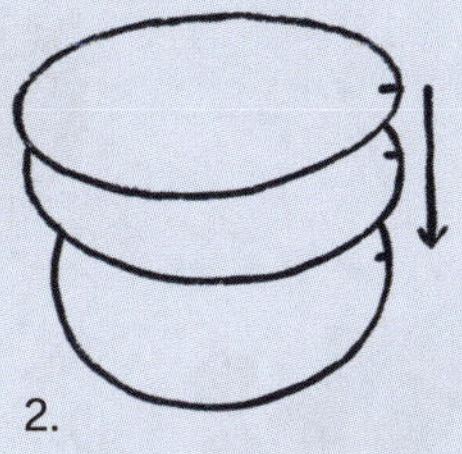

2.

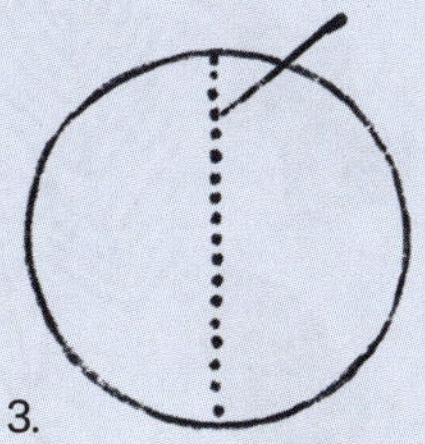

3.

1.
Schneide die Kreise entlang der blauen Linien aus.

2.
Lege die Kreise deckungsgleich übereinander. Dabei hilft dir die obere goldene Strichmarkierung. Der Kreis mit der gepunkteten Linie liegt oben.

3.
Steche nun mit einer Nadel – durch alle drei Papierebenen – die eingezeichneten Punkte vor.

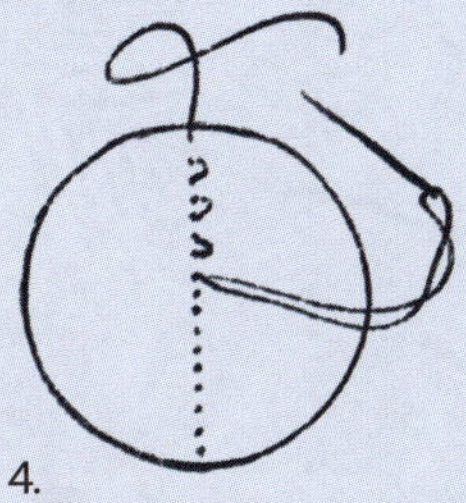

4.

4.
Webe nun mit Hilfe der Nadel einen Faden durch die vorgestochenen Löcher hindurch. Beginne oben an der Strichmarkierung. Achte darauf, dass der Faden lang genug bleibt, um die Schneeflocke später daran aufzuhängen.

5.
Unten angekommen: drehe den Papierstapel und webe den Faden durch die Löcher hindurch wieder nach oben.

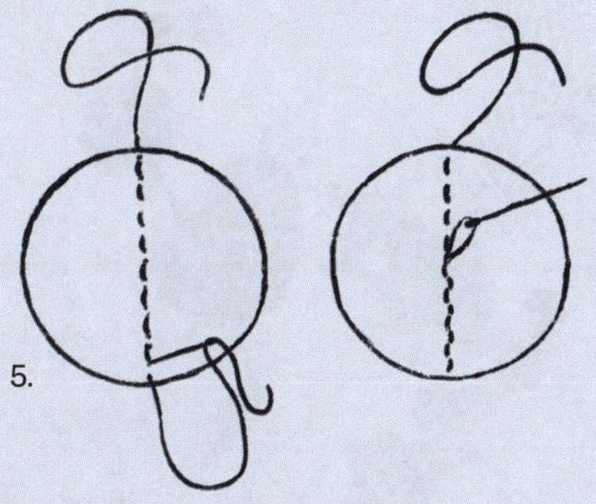

5.

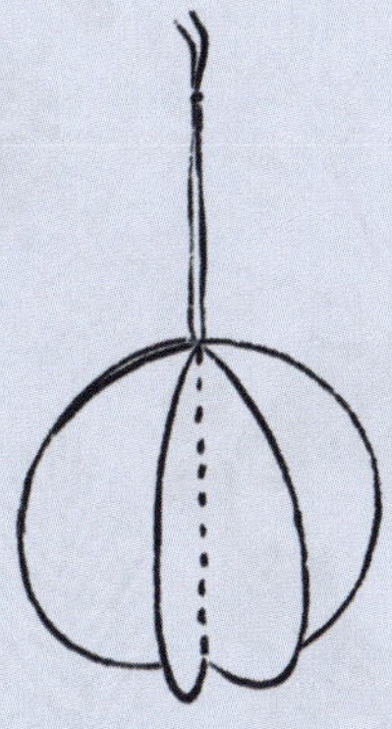

6.

6.
Falte nun alle drei Ebenen auseinander, sodass eine Kugel entsteht. Nutze die Fadenenden als Aufhängung.

Schwebendes Tannenbäumchen

SCHERE · NADEL · FADEN

1.
Schneide den Kreis entlang der grünen Außenlinie aus.

2.
Falte den Kreis vier Mal in der Mitte: Immer von grünem Strich zu grünem Strich. Öffne den Kreis nach jedem Falten erneut.

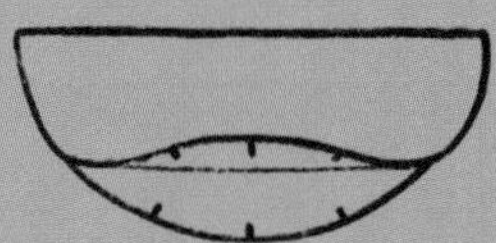

3.
Breite den Kreis vor dir aus und drehe ihn um.

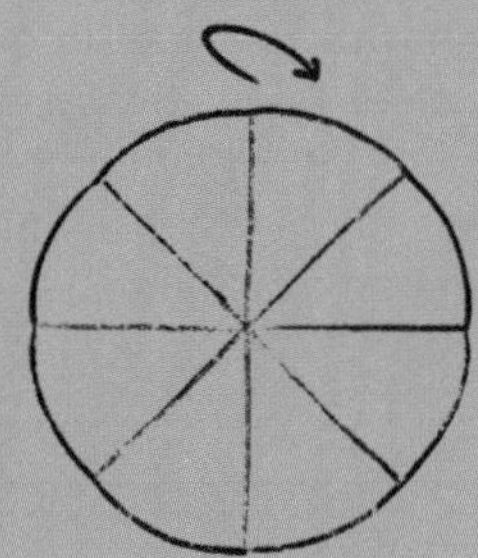

3.
Wiederhole nun Punkt 2. Falte nun aber von rosa Strich zu rosa Strich.

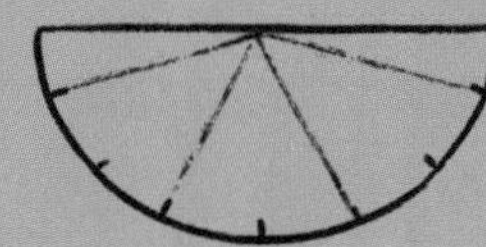

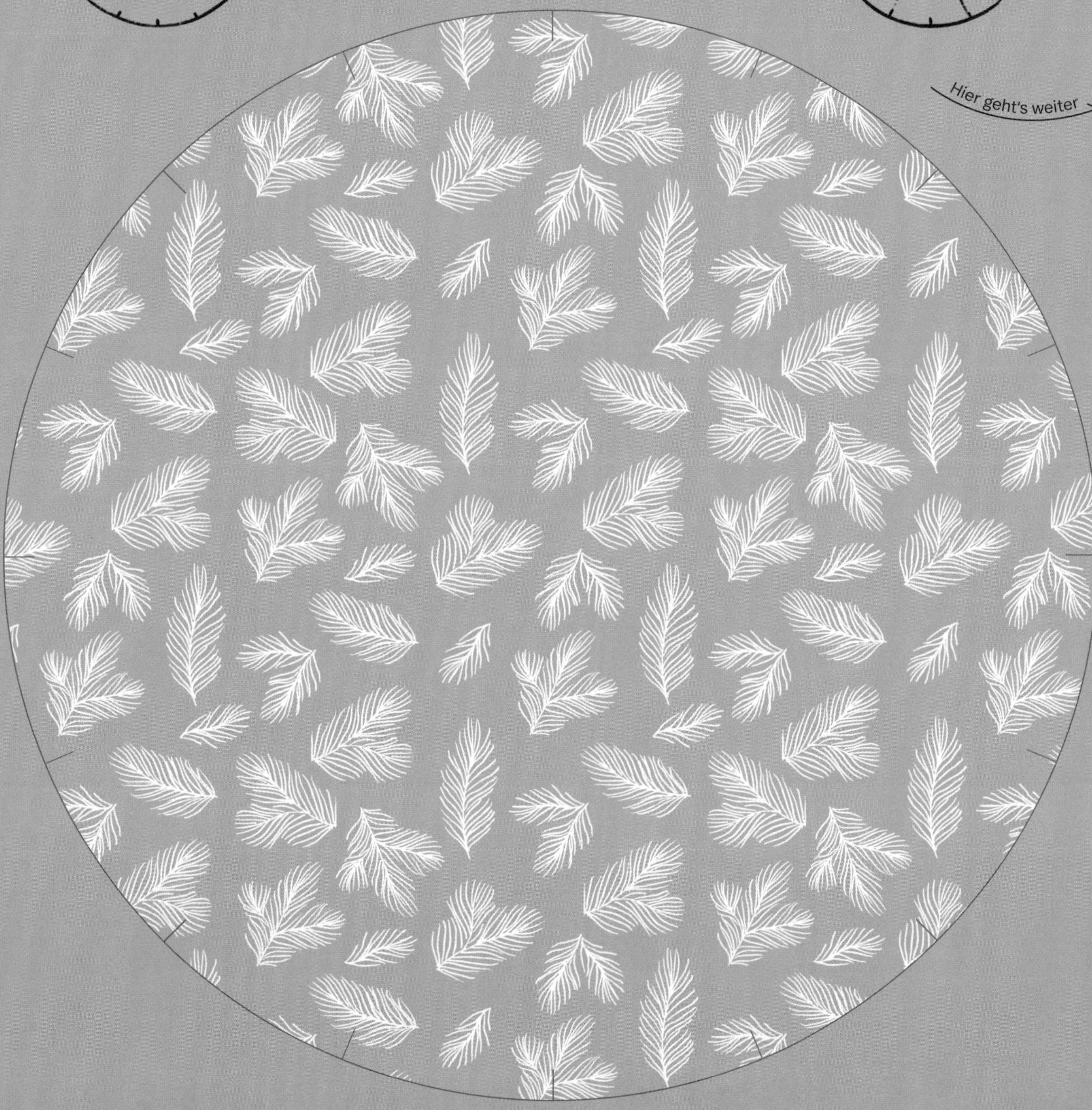

Hier geht's weiter

4.
Breite den Kreis wieder vor dir aus und drehe ihn wieder um.

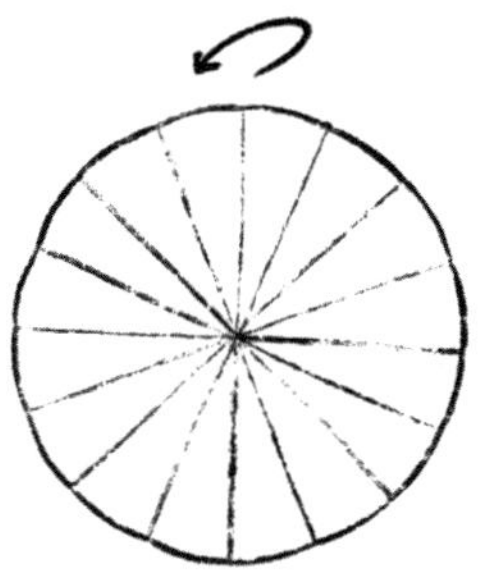

5.
Fächere nun den Kreis entlang der gefalteten Linien auf. Wenn du los lässt, entflatet sich ein kleines Bäumchen.

6.
Um das Bäumchen zum Schweben zu bringen, fädele einen Faden durch die Spitze des Bäumchens. Damit der Faden nicht wieder hindurchrutscht, mache einen mehrfachen Knoten im Inneren des Bäumchens.

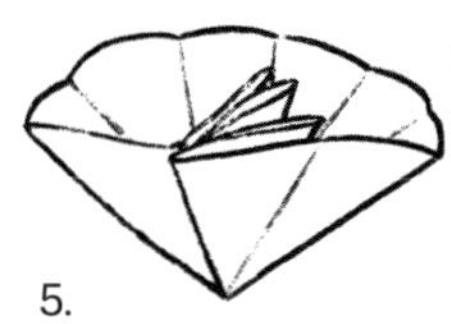

5.

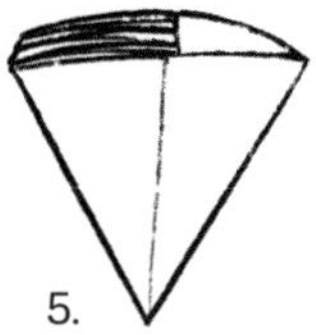

5.

6.

Sternen-Engel

SCHERE · KLEBSTOFF
NADEL · FADEN

1. Schneide die vier weißen Bastelelemente entlang der äußeren Linie aus.
2. Falte die vier Elemente wie einen Fächer. Die kleinen apricotfarbenen Striche geben dabei die Abstände vor.

3. Steche mit einer Nadel ein Loch durch die vorgegebenen apricotfarbenen Punkte. Durchstoße dabei alle Papierebenen der gefalteten Fächer.

Hier geht's weiter

4. Fädel nun die Fächer auf einen Faden auf. Am besten beginnst du mit einem Flügel.

Lass dabei beide Enden lang genug, um den Engel später daran aufhängen zu können. Sobald du alle vier Elemente aufgefädelt hast, ziehe den Faden fest an und mache einen Doppelknoten.

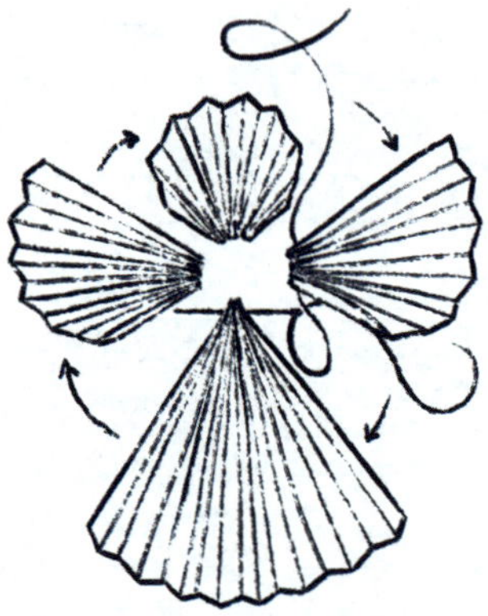

Feines Zick Zack-Bäumchen

SCHERE · NADEL · FADEN

1. Schneide den Halbkreis auf der Rückseite an der durchgezogenen Außenlinie aus. Lege den Halbkreis mit der gemusterten Seite nach oben vor dich.

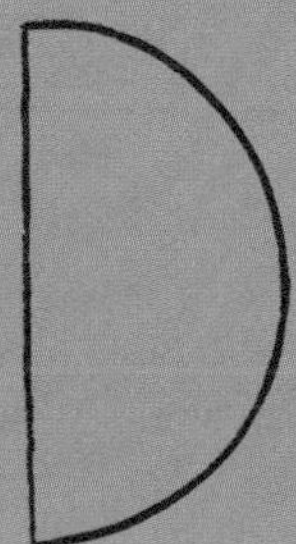

2. Falte den Halbkreis entlang der gestrichelten Linien wie folgt:

3. Fädele für die Aufhängung einen Faden durch die Spitze des Bäumchens.

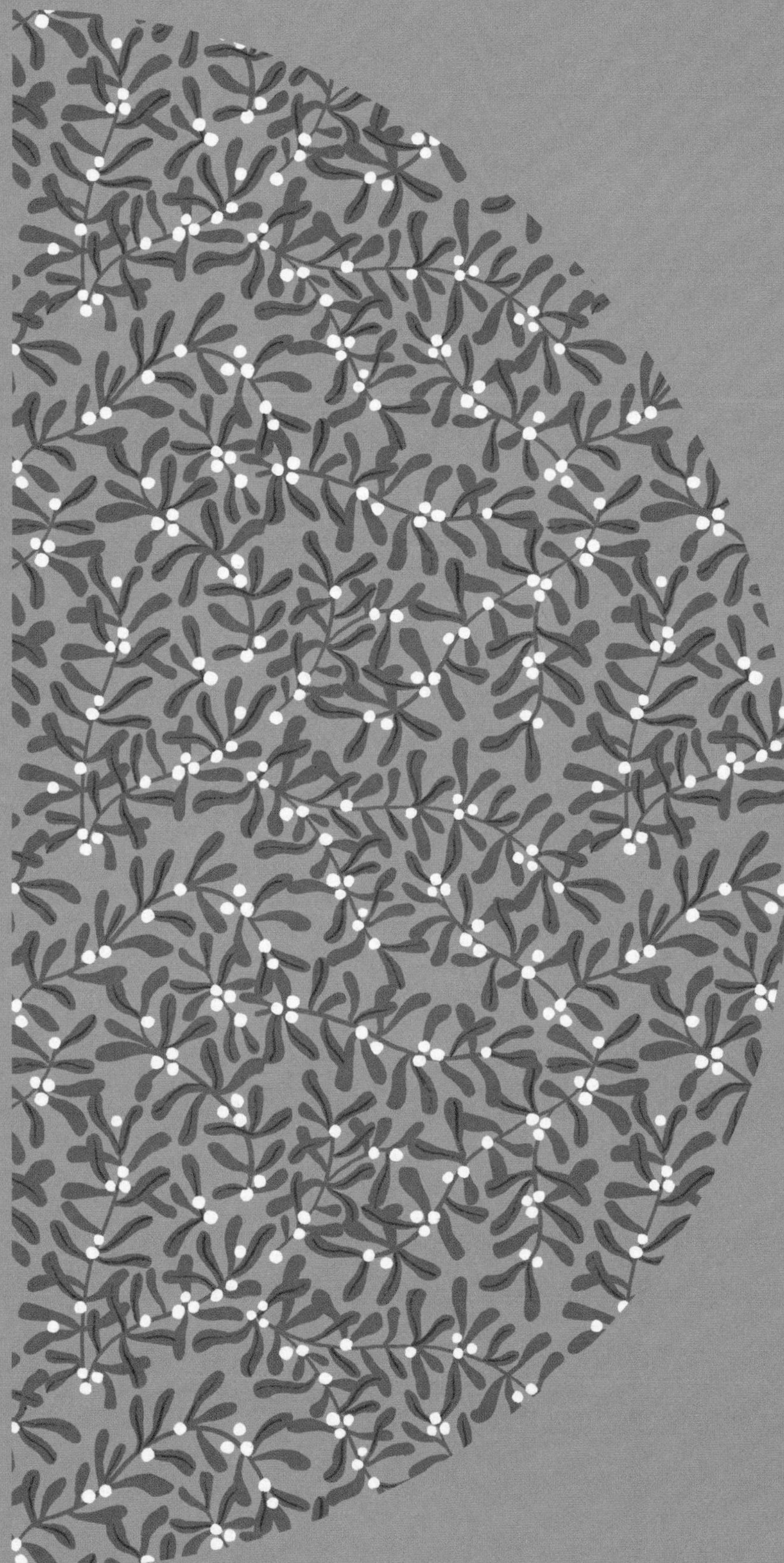

Kleine Geschenktüte

SCHERE · KLEBSTOFF

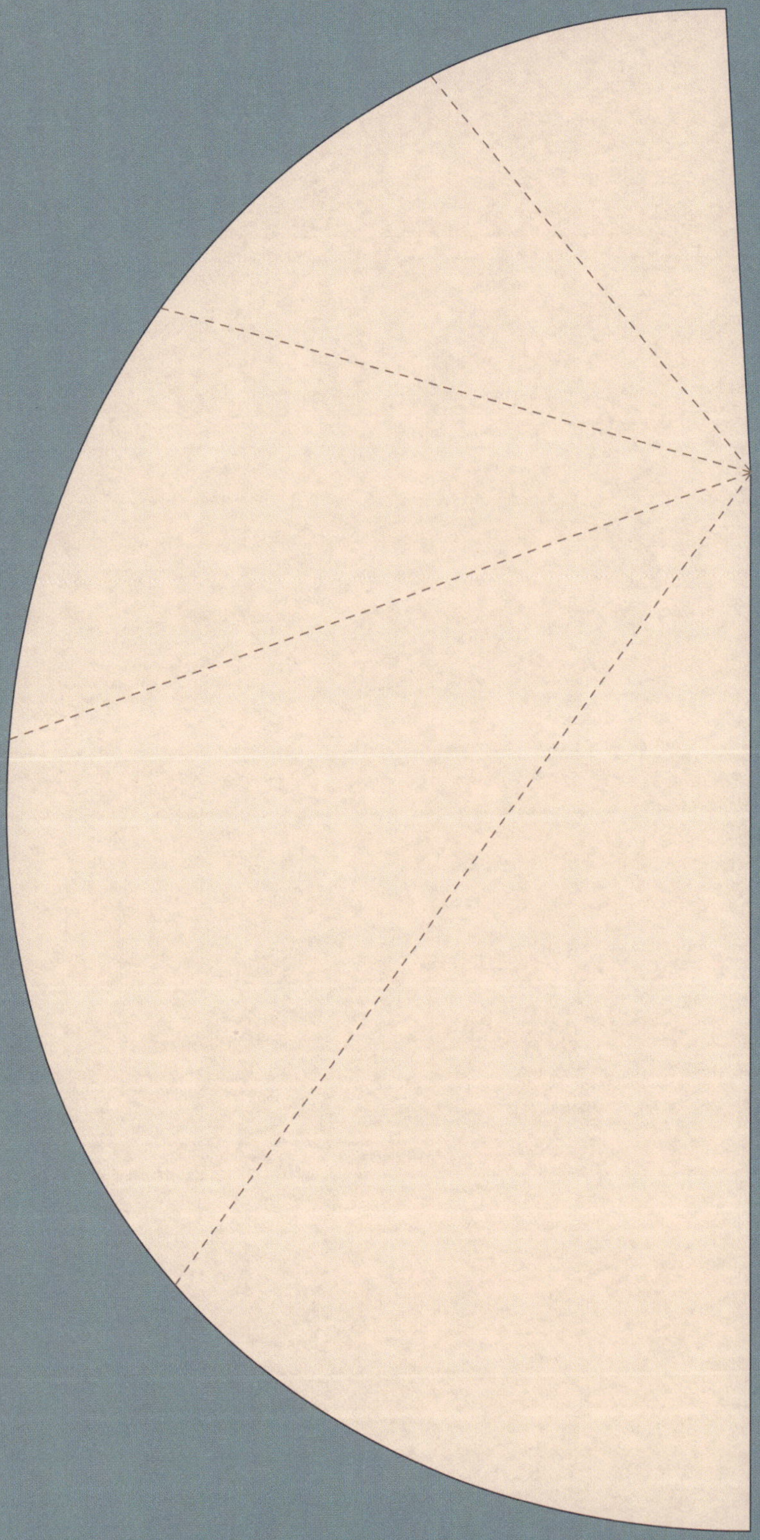

1.
Trenne die nächste Seite aus dem Block und lege sie im Querformat vor dich.

2.
Falte die Seite links und rechts entlang der vertikalen gestrichelten Linien nach innen. Klebe die offenen Seiten, die sich leicht überlappen, zusammen.

2.

3.

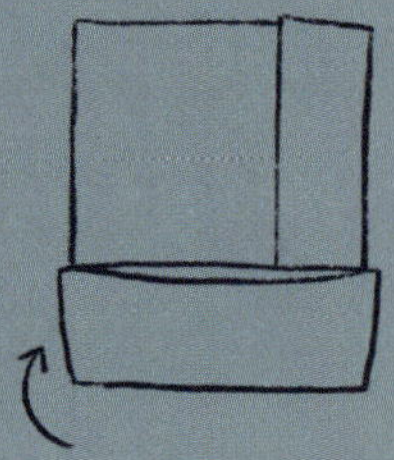

3.
Falte den entstandenen „Papiertunnel“ entlang der horizontalen gestrichelten Linie nach oben.

4.
Falte nun eine Hälfte des nach oben gefalteten „Papiertunnels“ wieder nach unten, sodass nun links und rechts jeweils ein Dreieck entsteht.

4.

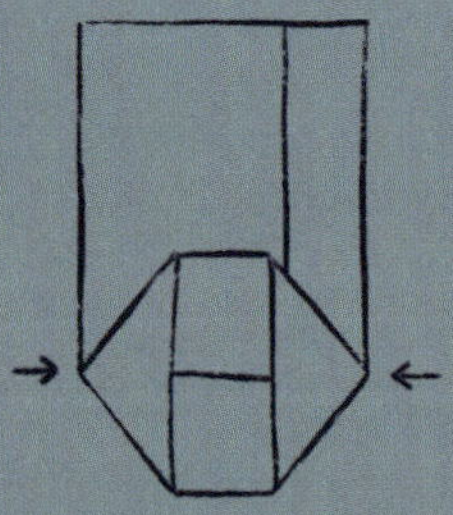

5.

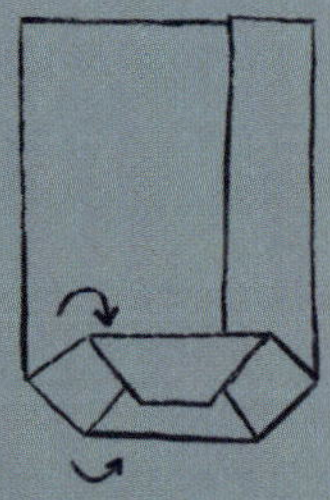

5.
Falte anschließend das obere und untere Ende so in Richtung Mitte, dass sich die Enden überlappen. Verklebe diese gut miteinander.

Zwei strahlende Doppel-Sterne

SCHERE · KLEBSTOFF
CUTTERMESSER
NADEL · FADEN

1.
Schneide die Sterne entlang der braunen Linie aus. Für die Kreise in der Mitte eignet sich ein Cuttermesser.

2.
Klebe jeweils zwei gleich große Sterne versetzt zueinander zusammen. Trage hierfür Kleber entlang der beiden gepunkteten Kreise auf.

2.1
Kleiner Stern:
Gemusterte Seite auf gemusterte Seite.

2.2
Großer Stern:
Einfarbige Seite auf einfarbige Seite.

3.
Um die Sterne aufzuhängen, kannst du mit einer Nadel einen Faden durch eine der Sternspitzen ziehen.

Kleines Winterdorf

SCHERE · KLEBSTOFF

1.
Schneide die Bastelelemente an der durchgezogenen schwarzen Linie aus (siehe Rückseite).

2.
Falte die Bastelelemente an den gestrichelten Linien so, dass die Linien nach innen und die farbige Seite nach außen zeigen.

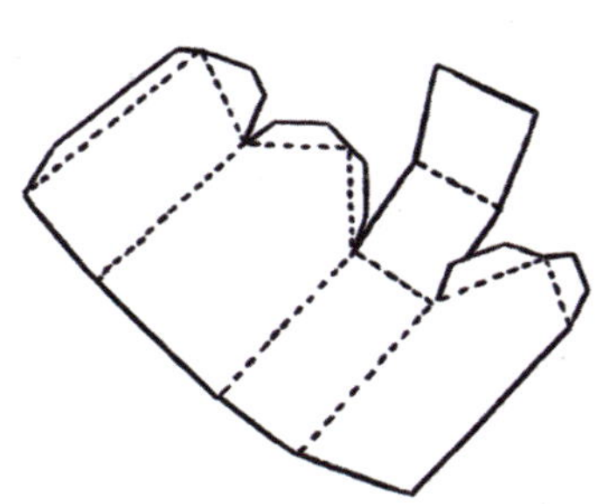

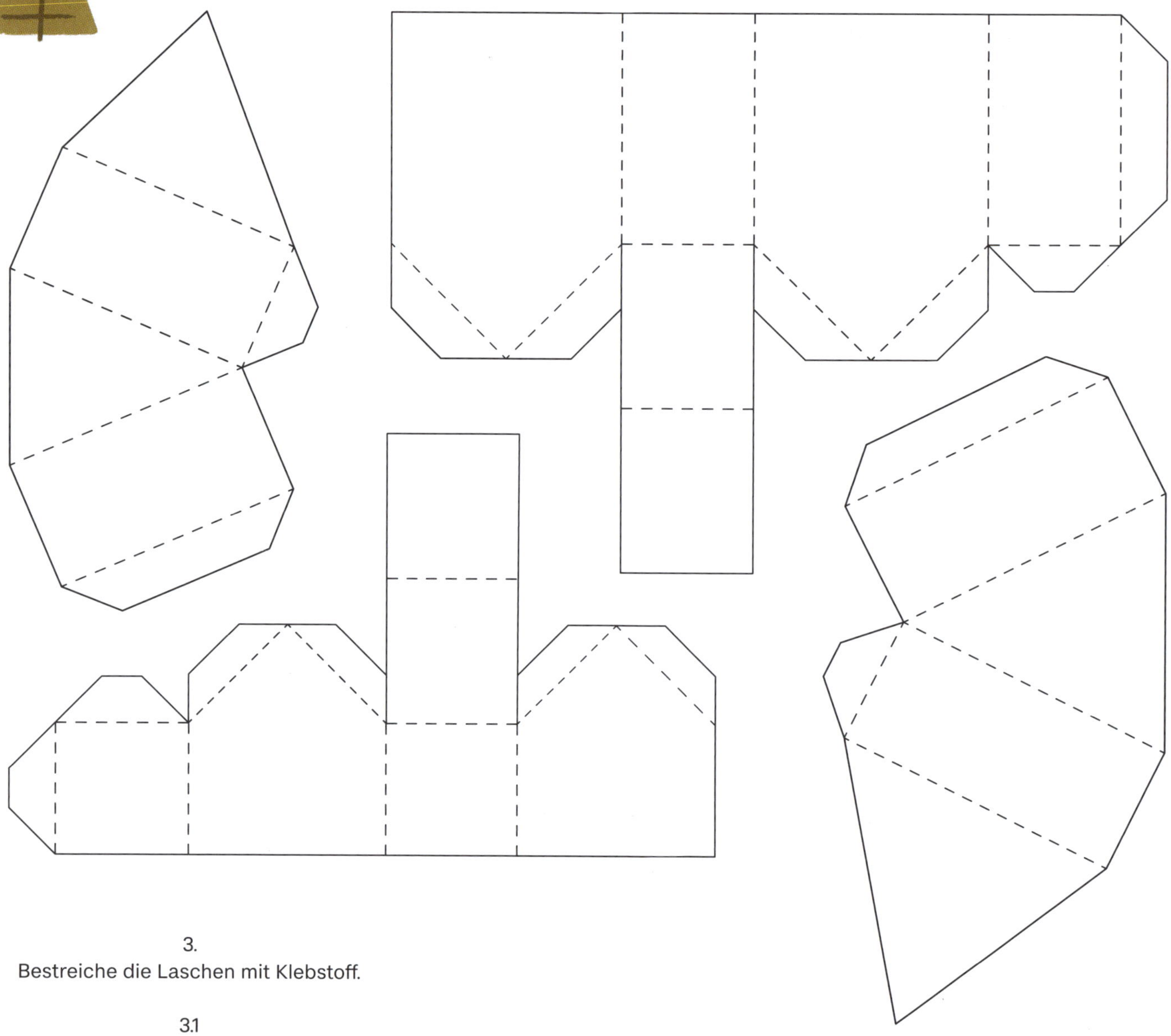

3.
Bestreiche die Laschen mit Klebstoff.

3.1
Gehe bei den Tannen wie folgt vor:
Verklebe zuerst die kleine und dann
die große Lasche.

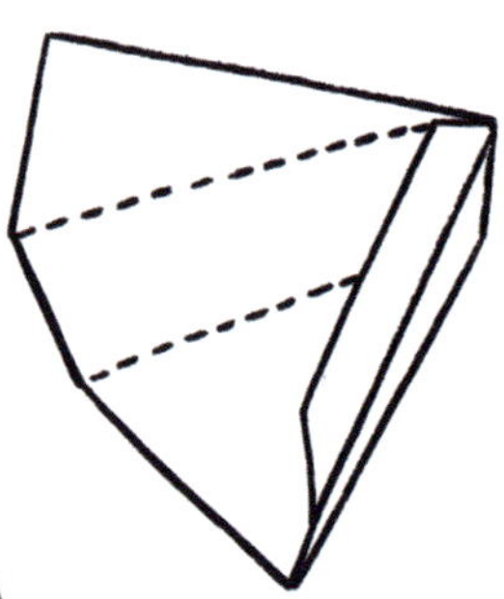

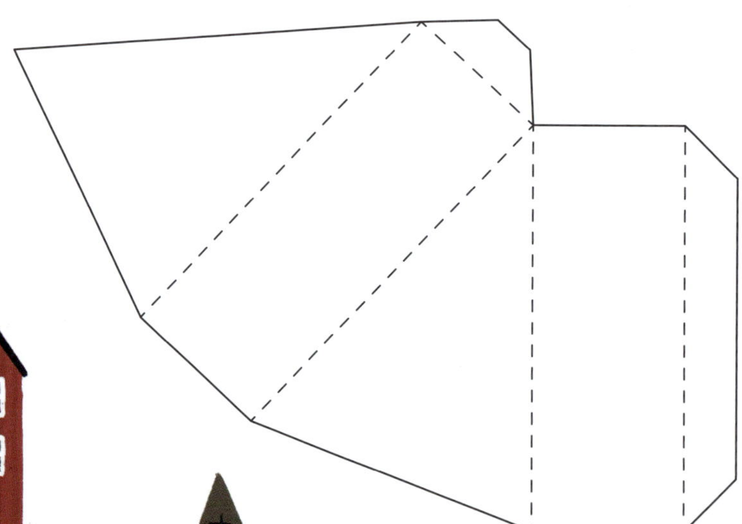

3.2
Gehe bei den Häuschen wie folgt vor: Verbinde zunächst die vier Giebellaschen mit der Dachfläche. Verklebe anschließend die Lasche an der schmalen Wandfläche mit dem Dach. Verbinde zuletzt den Rumpf des Häuschens.

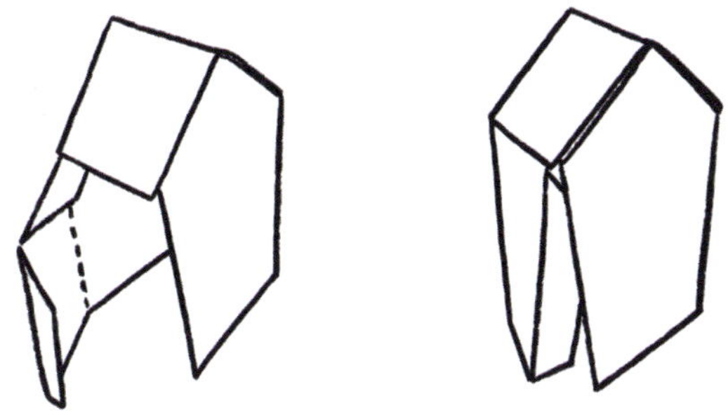

Papierstreifen-Kugel

SCHERE · KLEBSTOFF · NADEL · FADEN

Hier geht's weiter

1.
Schneide die Papierstreifen an der durchgezogenen beigen Linie aus.

2.
Bestreiche den oberen gepunkteten Bereich von Streifen Nr. 1 mit Klebstoff. Lege den Streifen mit der Nr. 2 am oberen Ende bündig auf Streifen Nr. 1. Die einfarbige Seite zeigt dabei immer nach oben. Fahre so fort bis Nr. 4.

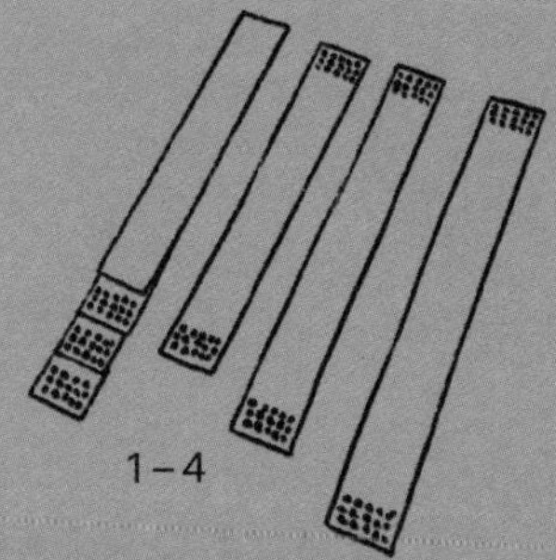

3.
Klebe Nr. 5 bis Nr. 7 mit der gemusterten Seite nach oben auf den vorherigen Streifen.

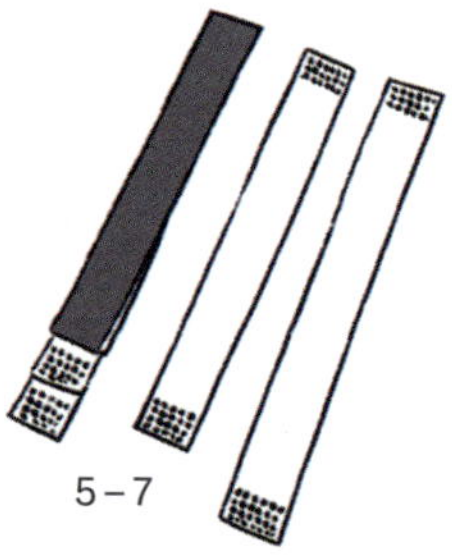

5 – 7

4.
Verbinde nun die unteren Enden der Streifen genauso wie zuvor die oberen Enden. Achte darauf, dass die Enden bündig miteinander verklebt werden. Dabei heben sich die Streifen aufgrund der unterschiedlichen Längen zu Bögen an.

Beim mittleren Streifen angekommen, kannst du einen Faden mit einkleben, um die Kugel später daran aufhängen zu können.

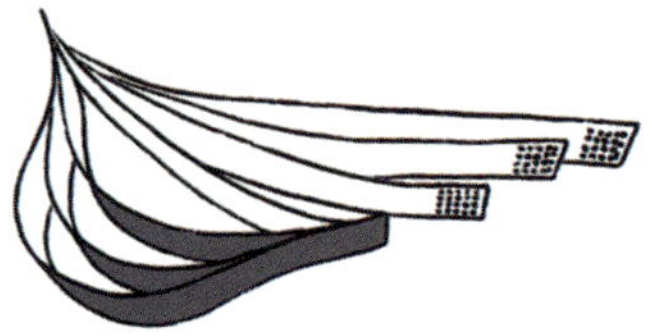

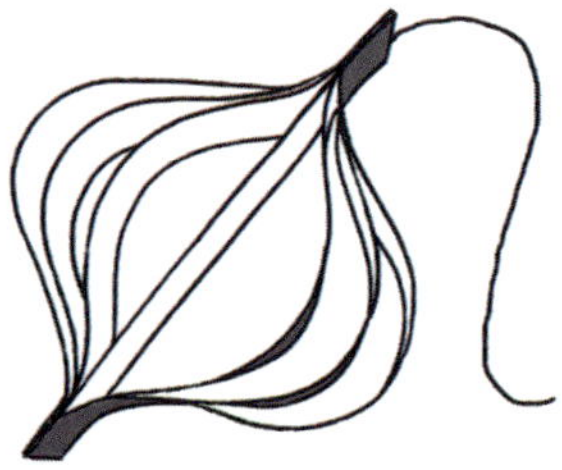

Geometrischer Anhänger

SCHERE · KLEBSTOFF
NADEL · FADEN

1. Schneide die beiden Bastelelemente an der durchgezogenen schwarzen Linie aus. Achtung: Die Umrisse des zweiten Bastelelements befinden sich auf der Rückseite.

2. Falte die gestrichelten Linien an den Laschen und am zentralen Dreieck nach innen. Somit ist auf dem einen Bastelement die gepunktete Seite und bei dem anderen Bastelelement die Seite mit den Tannenbäumchen außen.

3. Klebe die Laschen jeweils auf der gegenüberliegenden Seite fest, sodass zwei Pyramiden entstehen.

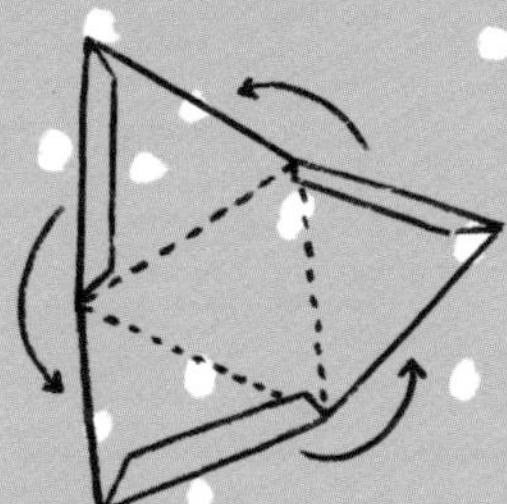

4. Bestreiche eine Dreiecks-Fläche der gepunkteten Pyramide mit Klebstoff und verbinde diese mit einer Fläche der anderen Pyramide.

5. Wenn du den geometrischen Anhänger aufhängen möchtest, kannst du mit Hilfe einer Nadel einen Faden durch die obere Spitze ziehen.

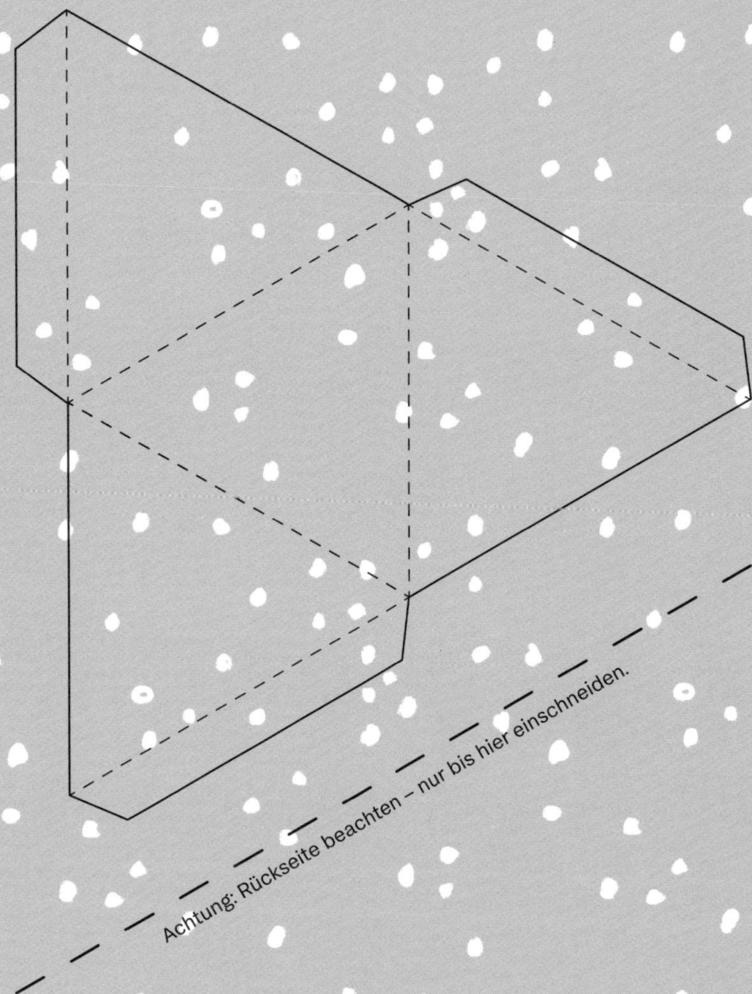

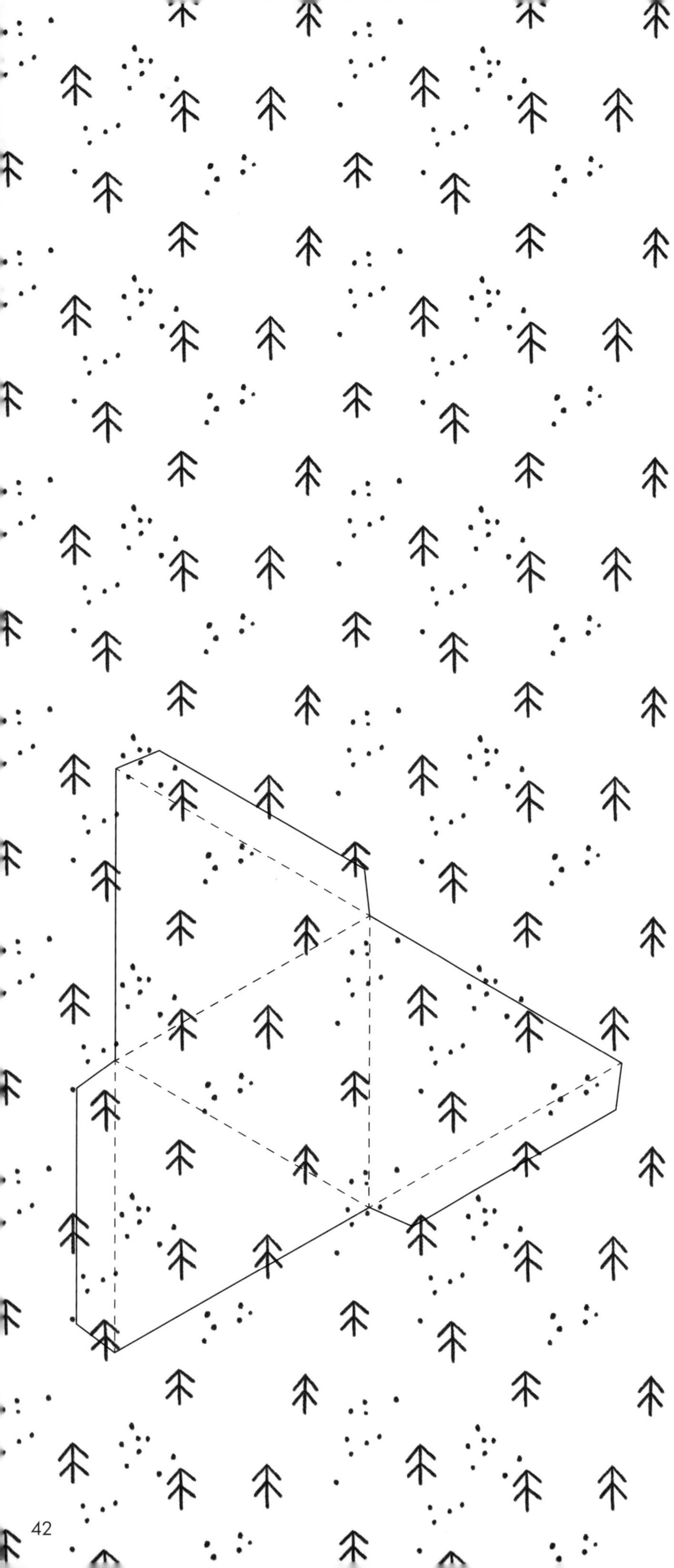

Kleiner Briefumschlag

SCHERE · KLEBSTOFF

1. Schneide das Quadrat auf der Folgeseite aus. Falte eine Ecke diagonal auf die gegenüberliegende Ecke, sodass ein Dreieck entsteht. Die gelbe Seite mit Punkten liegt dabei innen. Falte anschließend die beiden gegenüberliegenden Ecken aufeinander und öffne sie wieder.

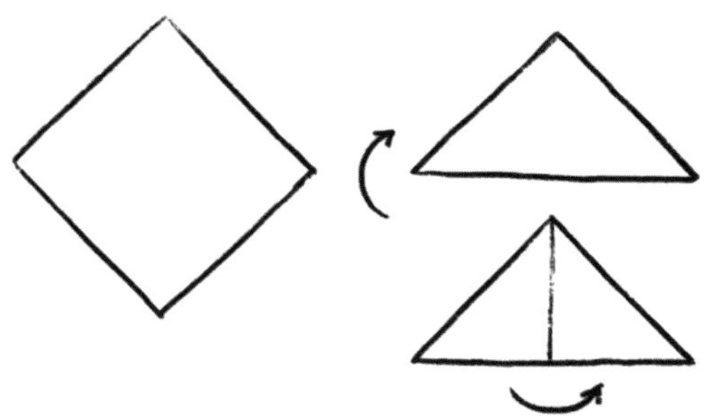

2. Falte die vordere obere Ecke nach unten. Die Spitze sollte genaumit dem unteren Rand abschließen.

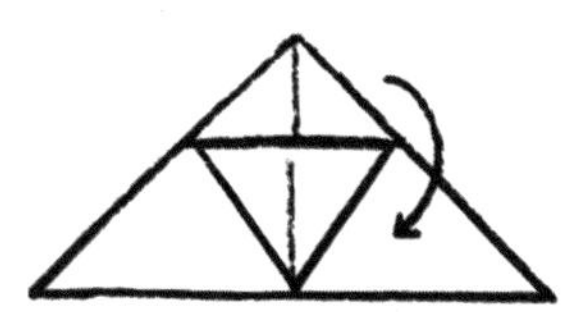

3. Falte die linke Ecke nach rechts und anschließend die rechte Ecke nach links, sodass sich beide Seiten überlappen. Die dabei entstehenden Diagonalen sollten sich möglichst genau auf der Mitte treffen.

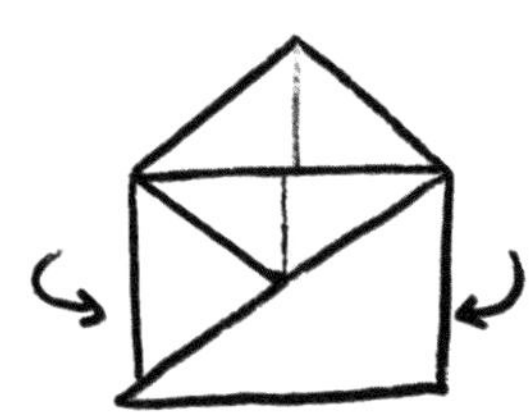

4. Stecke nun eine der Ecken in die durch das Falten entstandene Tasche der anderen Ecke.

Papierstreifen-Stern

SCHERE · KLEBSTOFF · NADEL · FADEN

1.
Schneide die floralen Streifen an der durchgezogenen Außenlinie aus.

2.
Forme aus den Streifen Tropfen, indem du jeweils die beiden Streifenenden miteinander verklebst. Bestreiche hierfür die gepunktete Flächen mit Klebstoff.

3.
An der Tropfen-Rundung sind nun jeweils zwei gepunktete Linien zu erkennen. Diese mit Klebstoff bestreichen. Hierfür eignet sich besonders gut ein Flüssigklebstoff.

4.
Klebe zunächst vier Tropfen wie abgebildet zusammen.

5.
Ergänze im Anschluss die vier weiteren Tropfen wie abgebildet.

6.
Du möchtest den Stern aufhängen? Dann ziehe mit einer Nadel einen Faden durch eine Spitze des Sterns.

Florale Etiketten

SCHERE · STIFT · KLEBSTOFF

Hier kannst du nach Belieben beschriften, ausschneiden und aufkleben.

TIPP:
Teile die Girlandenelemente auf zwei Schnüre auf und hänge diese untereinander auf.

Weihnachtsgirlande

SCHERE · NADEL · FADEN

1.
Schneide die Buchstaben und Schmuckelemente entlang der braunen Linie aus.

2.
Durchstoße mit einer Nadel die vorgegebenen braunen Kreise.

3.
Fädele nun die Buchstaben und Schmuckelemente auf die Schnur auf, indem du den Faden durch die zuvor durchstoßenen Punkte führst.

IST
MAS

Schmuck für den Tannenbaum

SCHERE · NADEL · FADEN

1. Schneide die Weihnachtskugeln entlang der grünen Linie aus.

2. Nimm eine Nadel zur Hand und steche in den weißen Kreisen der Kugelaufhängungen jeweils ein Loch vor. Ziehe nun einen Faden als Aufhängung durch die vorgestochenen Löcher.

Winterpanorama

SCHERE · CUTTERMESSER
KLEBESTREIFEN

1.
Schneide die Häuserreihe an der durchgezogenen Außenlinie aus.

2.
Nimm nun ein Cuttermesser zur Hand und schneide die Fenster und Türen entlang der gestrichelten Linien aus.

Das Winterpanorama kommt besonders gut zur Geltung, wenn du es an einem Fenster anbringst.

Beleuchtete Tanne

SCHERE · KLEBSTOFF
CUTTERMESSER

1.
Schneide das Bastelelement auf der Folgeseite entlang der durchgezogenen Außenlinie aus.

2.
Schneide die Kreise mit Hilfe eines Cuttermessers aus.

3.
Falte die Lasche entlang der gestrichelten Linie nach innen. Bestreiche die Lasche auf der gemusterten Seite mit Klebstoff.

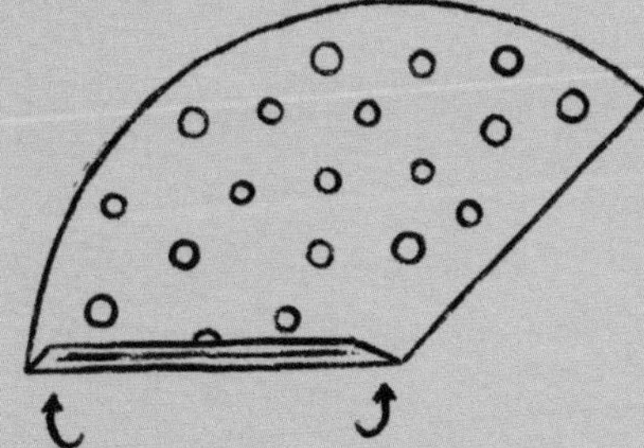

4.
Forme das Papier zu einem Zylinder und klebe die Lasche auf der Gegenseite fest.

5.
Stelle ein LED-Licht unter den Zylinder, um die Tanne weihnachtlich zu beleuchten

Festliche Schleife

SCHERE · KLEBESTOFF

1. Schneide die Schleifenelemente entlang der durchgezogenen rosa Linie aus.

2. Klebe die Bänder an der gepunkteten Fläche zusammen.

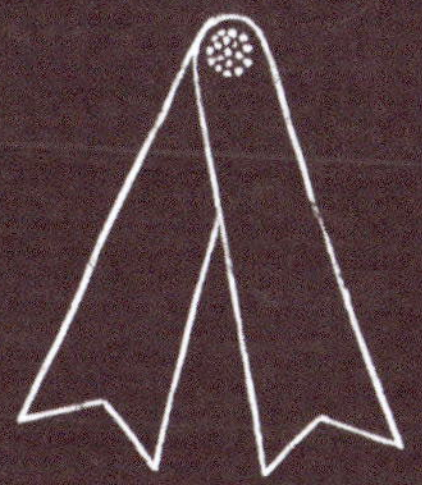

3. Falte die Laschen des Schleifenkorpus nach innen, sodass sie sich parallel zum Schleifensteg überlappen. Verklebe die beiden Laschen an der gepunkteten Fläche.

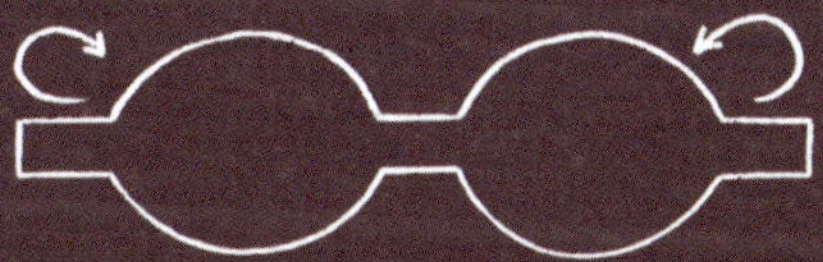

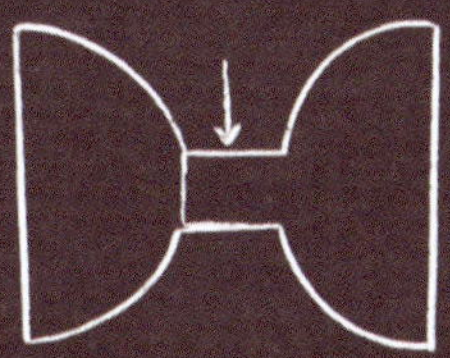

4. Wickele den kleinen Papierstreifen um den Schleifensteg. Verklebe den Streifen an der gepunkteten Fläche.

5. Klebe die Bänder auf die Rückseite des umwickelten Schleifenstegs. Bestreiche hierfür die gepunktete Fläche auf den Bändern.

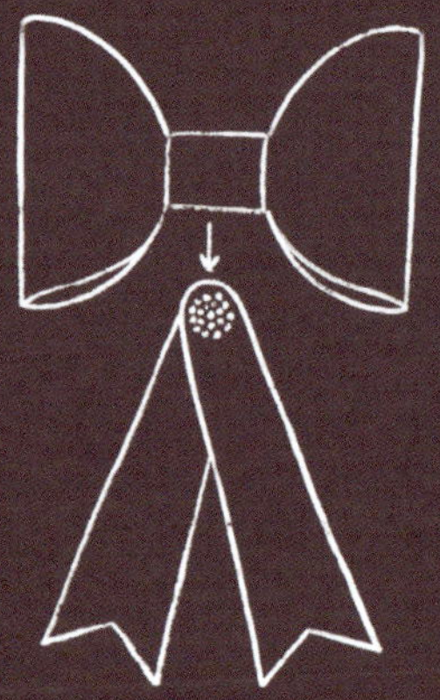

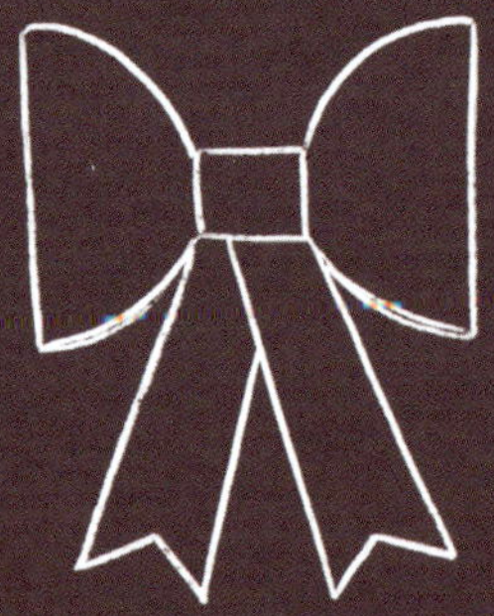

Plätzchen-Box

SCHERE

1.
Schneide die Box an der durchgezogenen schwarzen Linie aus. Schneide nun die Box an den drei gestrichelten gelben Linien ein. Für den Schlitz innerhalb der schmalen Lasche eignet sich ein Cuttermesser.

2.
Falte die vier Laschen an den schwarzen gestrichelten Linien nach innen, sodass das Muster nach außen zeigt.

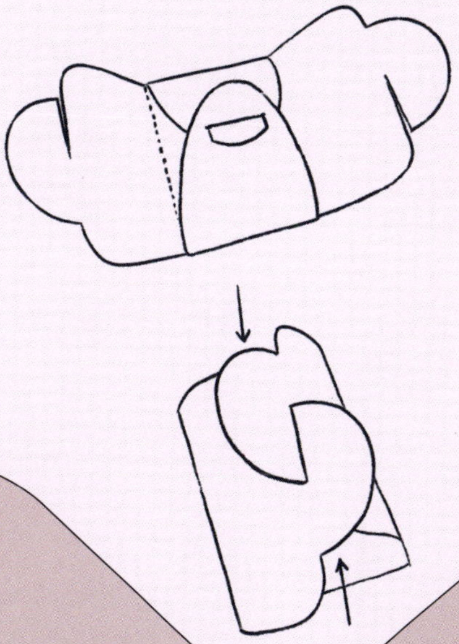

3.
Ziehe nun zuerst die schmale Lasche durch den gegenüberliegenden Schlitz. Danach kannst du darüber die beiden großen Laschen zusammenführen, indem du die beiden Halbkreise an den ausgeschnittenen Schlitzen ineinander steckst.

Sechs bunte Steck-Tannenbäumchen

SCHERE

1. Schneide die Tannenbäume an der durchgezogenen Außenlinie aus.

2. Schneide die Bäumchen an den gestrichelten Linine ein.

3. Stecke jeweils zwei identische Baummotive ineinander.

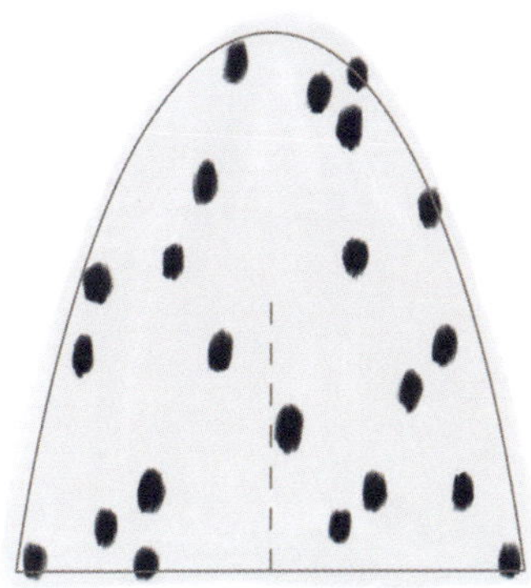

Singender Engel

SCHERE

1.
Schneide den Engel entlang der durchgezogenen roten Linie aus.

2.
Schneide die Flügel an den beiden blauen gestrichelten Linien ein.

3.
Stecke die Flügel an den beiden Einschnitten ineinander.

Winterblumen-Box

DECKEL

SCHERE · KLEBSTOFF

1. Schneide die beiden Bastelemente auf dieser und der folgenden Seite entlang der durchgezogenen blauen Linie aus.

2. Falte die Bastelelemente an den gestrichelten Linien nach innen. Die Seiten mit den Blumenmustern sind die Außenseiten.

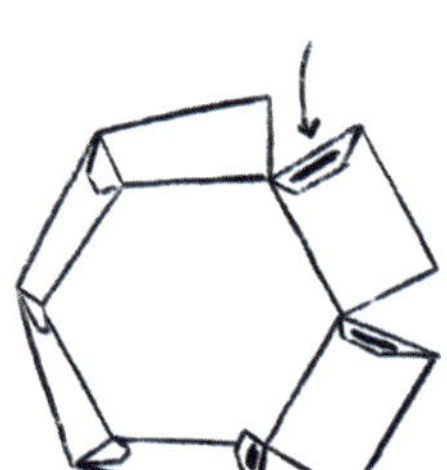

Winterblumen-Box

BODEN

3. Bestreiche die Laschen mit Klebstoff und drücke sie fest.

4. Deckel und Boden kannst du anschließend ineinander stecken.

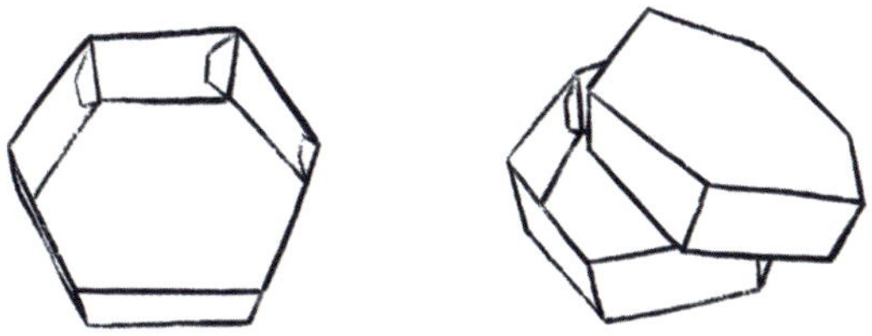

1. Schneide die Geschenkanhänger an der roten Außenlinie aus. Beschrifte die Anhänger nach Belieben.

2. Schneide mit einem Cuttermesser kleine Löcher in die roten Kreise.

3. Durch diese Löcher kannst du nun eine Kordel ziehen, um die Anhänger an einem Geschenk zu befestigen.

Zwei Weihnachtskarten

SCHERE · STIFT

AUF DIESER KARTE IST SOGAR AUF DER VORDERSEITE PLATZ FÜR EINEN LIEBEN GRUSS.

Schneide die Postkarten aus und versende liebe Weihnachtsgrüße.

Steck-Weihnachtsbaum

SCHERE

1. Schneide den Tannenbaum auf dieser und der folgenden Seite entlang der durchgezogenen blauen Linie aus.

2. Schneide beide Tannen an der gestrichelten apricotfarbenen Linien ein. Stecke anschließend beide Tannen ineinander.

SCHNEIDE AUCH DIE STERNE AUS
UND VERWENDE SIE ALS WEIHNACHTSSCHMUCK.

Zuckersüße Weichnachts-Sticker

SCHMÜCKE DEINE WEIHNACHTSPOST

HO HO